# 콩중이 콩콩, 팥중이 팥팥

시산맥 서정시선 030

## 콩중이 콩콩, 팥중이 팥팥

시산맥 서정시선 030

---

초판 1쇄 발행 | 2017년 4월 25일

지 은 이 | 김상률
펴 낸 이 | 문정영
펴 낸 곳 | 시산맥사
편집주간 | 김광기
편집위원 | 안차애 전해수 정재분
등록번호 | 제300-2013-12호
등록일자 | 2009년 4월 15일
주 소 | 03131 서울특별시 종로구 율곡로 6길 36,
월드오피스텔 1102호
전 화 | 02-764-8722, 010-8894-8722
전자우편 | poemmtss@hanmail.net
시산맥카페 | http://cafe.daum.net/poemmtss

ISBN 978-89-98133-81-8 03810

값 9,000원



* 이 도서의 국립중앙도서관 출판시도서목록(CIP)은 서지정보유통지원시스템 홈페이지(http://seoji.nl.go.kr)와 국가자료공동목록시스템(http://www.nl.go.kr/kolisnet)에서 이용하실 수 있습니다.

# 콩중이 콩콩, 팥중이 팥팥

김상률 시집

* 본문 페이지에서 한 연이 첫 번째 행에서 시작될 시에는 〈 표기를 한다.

## ■ 시인의 말

미루나무가 달빛에 붉다. 그 아래서 풀벌레들 노래한다. 물컹하게 씹히는 그 노랫소리 참 달다. 외나무다리 무논 너머로 초췌하게 피어난 별이 다시 뜬다. 난 비로소 긴장의 끈을 풀고 무장해제가 되어 펜을 든다.

내 생일날 시 창작 교재를 선물하던 아들 규훈, 졸작을 방긋거리며 들어주던 지혜, 시 쓰는 남편을 말없이 응원해주던 아내 이지연, 모두모두 고맙다. 큰 가르침을 주신 오봉옥 교수님과 시집 출간을 맡아준 문정영 시인께도 감사드린다.

남은 생生, 열심히 살고 써서 보답하겠다.

– 2017년 4월, 김상률

■ 차 례

## 1부

맛있는 정년퇴직 – 17
방아깨비 사랑 – 18
산다는 것 – 19
날개 달린 동전 – 20
눈 마중 – 21
봄 마중 – 22
정년퇴직 – 23
트레일러 꽃수레 – 24
옛날의 오월 – 25
나는 귀족 노동자 – 26
족구 – 27
여름 마중 – 28
회전 초밥 – 29

## 2부

수상한 여름 – 33
홀딱새 – 34
며느리의 하늘 – 36
추백꽃 – 37
어머니의 봄 – 38
어머니의 손 – 39
아버지 – 40
찰옥수수 알배는 법 – 41
가을 마중 – 42
아버지가 만든 양말 – 44
반딧불이 별꽃 – 45
연대 – 46
어머니의 홑동백꽃 – 47
역귀성 – 48
팥중이 – 49
어머니의 집 – 50
먹때알 – 51

## 3부


풀벌레 오케스트라 – 55
해남 물감재 – 56
콩중이 – 57
원적산의 진달래꽃 – 58
모과꽃 – 59
월출산의 달 – 60
서리꽃이 필 때면 – 61
홀씨 한 알 – 62
자운영 – 63
미꾸라지 쟁기 갈다 – 64
파란 하늘 – 65
출렁출렁 가우도 – 66
울릉도 – 67
자운영 – 68
참나무꽃 사랑 – 69


## 4부


화평선 – 73
농군 성실이가 – 74
칡꽃 – 76
자운영 – 77
섣달 – 78
정형의 빨간 구두 – 79
오월 애愛 – 80
실미도 – 81
국밥을 먹는다 – 82
강진 쑥떡 – 83
자운영 – 84
가장 수탉 – 85
영현이 – 86
성술이 – 87
팔월 – 88


■ 해설


| 오봉옥(시인) – 89

# 1부

# 맛있는 정년퇴직

마당 옆에 발 디딜 만큼
조붓한 길을 내야지

마당 한켠에 삐비 심어
콩중이 불러와 춤추게 해야지

논일 밭일 하러 오가는 사람들에게
키 큰 접시꽃 심어 인사시켜야지

천장에 유리창문 달아놓고
이층 다락방에 누워 한숨 자야지

소쿠리 바지게 잘 짜는 명대 아저씨 불러서
싸리발 대발 엮어 주라 해야지

흙벽을 타고 오른 물외 따다가
막된장에 푹 찍어서 먹어야지

## 방아깨비 사랑

방아깨비가 내 등산복 바짓가랑이에 붙어 산을 오른다 암컷이 수컷을 태운 채 살을 섞으며 함께 간다 거센 바람이 바짓가랑이를 펄렁거리는데도 둘이 꼬옥 붙어 떨어지질 않는다 사람들이 야호야호, 소리를 지르는데도 도무지 떨어질 기미를 보이지 않는다 잔디 잎만 베어 먹다가 나눈 구석진 사랑이기에 깊이깊이 빠진 것인가 보다 나는 기꺼이 사랑의 씨알받이가 된다 정상에 올라 방아깨비 한 쌍을 등산복에서 떼어 가만히 놓아준다 둘이서 온 산을 뛰어다니며 사랑을 나눌 수 있기를 바래본다 내년 여름엔 그 새끼들도 데불고 하나둘 하나둘, 소풍을 떠날 수 있기를 바래본다

# 산다는 것

폭염 한 섬 짊어지고 수로 공사장을 간다
강물은 수장룡 등에 실려가 버렸나
물 한 방울 흔적도 없다
수도배관 수평을 잡고 물길을 열면
콸콸 물 달리는 소리
잠든 여우를 깨운다
굴삭기와 불도저는 서로 눈짓을 하며
사막의 모래를 물어뜯는다
야행을 해체당한 여우가 기어 나온다
꽁꽁 감춰두었던 꼬리를
노출시키고야만 전갈도
전갈새끼도 줄줄이 기어 나온다
여우는 그 틈에도 두 귀를 쫑긋 세워
전갈꼬리를 물기 위해 이리저리 움직인다
전갈은 한사코 모래 틈으로 고개를 처박는다
여우는 한사코 꼬리를 물어 전갈을 꺼낸다
난 말없이 굴삭기 시동을 끈다

# 날개 달린 동전

학생, 이 동전이 어디로 날아가나 잘 봐
잔뜩 어깨를 움츠린 학생
비행해 날아갈 동전을 매섭게 바라본다

손수건 모퉁이에서 날개를 꺼내고 있는 동전
하나 둘 셋 구호만 기다린다
하지만 셋 둘 하나
역으로 구호를 읊어대는 마술사
휙,
동전이 날개를 퍼덕이며 날아간다
구름이 햇볕을 가리는 사잇길로
날아간 동전의 행방이 묘연하다

학생, 어디로 날아갔지?
동전 꼬리도 못 보았는데요
학생이 가져갔으니 안 보이지
순간 얼굴 붉어진 학생이 주머니를 까뒤집는다

나도 어디론가 날아가고 싶다
울 엄니 가슴팍에
울 아부지 지게 자락 위 풀섶 아래에
우리 누이 물동이 위 물바가지 속에

# 눈 마중

잿빛 물감을 입에 문 하늘이
만삭의 뭉게구름을 굴린다
하얀 나비 떼
빈 들판에 폴폴 내려앉아
상수리 나뭇가지 위에 더듬이를 비빈다
열매 맺혔던 꼭지의 상처
소복하게 덮어준다
헤일 수 없는 날개를 잇대며 감싸준다

팔랑이는 나비 날개는 박 속 같아서
냉기에 얼얼한 벌판의 입들
구불구불한 논두렁 밭두렁 입들
옴실옴실 받아먹는다
사각사각 깨물어 먹는다

나도 그대의 하얀 가슴 꽃밭에
벌처럼 날아가
나비 대롱같이 콕, 꽂히고 싶다

# 봄 마중

따스운 햇살이 진달래 꽃봉오리에
아지랑이 오천만 섬을 부려놓고
나비와 꿀벌들을 희롱해요
암나비 수나비 처음 부딪힌 그 눈빛에서
아지랑이는 탄생했을 거예요

강물 아래서 겨울잠 자던 참개구리도 깨어나
등을 구부렸다 폈다 하며 기지개를 켜요
언 땅이 스르르 치마끈을 풀어헤쳐요
당신의 입김이 내 귓불을 매만질 때
나는 이미 새 옷을 입고 싶어 하는
고목이었지요

노랑에서 연두로 징검다리 건너듯
색채의 섬들이 통통 부어오르네요
다가올 듯 먼 자운영 꽃망울
바람이 휘저을 때마다
딸랑딸랑 소리가 날 것 같아요 마셔도
마셔도 타는 목마름
에라!
앙다문 진달래 꽃 입술이나 훔쳐볼까요

# 정년퇴직

길거리에 나뒹구는 빗방울들
으깨어져 흩어지네!
참 쓸쓸하네
누군가 죽어야 누군가 또 산다는
명예퇴직 희망퇴직
얼마나 죽어야 함께 살 수 있을까
이제 무급 순환 근로는 끝나려나
하지만 임금피크제는 임금피크제일 뿐
무지개 빛깔로 포장한 채
우리를 갈라놓는다
삼십년 전 정해놓은 퇴직나이 변함없는데
임금 내리막길로 기울어져
피크제하면 뭐하나!
퇴직금 통장만 홀쭉해질 뿐
길거리에 나뒹구는 빗방울들
흔적도 없이 사라져가네

# 트레일러 꽃수레

여명을 클릭하는 눈부신 꽃수레가
안개 자욱한 날이면
꽁무니에 불빛을 깜빡거리며
이정표가 되어준다
뿌연 안개 장막 속 잘 헤쳐 가라며
천 리 길 운전하는 내게, 수호천사가 되어준다
어둠의 발길에 차이지 않게
엉덩이를 높이 들고
푸른 신호등이 되어준다
졸음 쉼터에서 어둠을 뚫고 짐을 나르다가
길가에서 선잠도 자던 우리의 천사
떡 벌어진 짐들이 짓누르는데도
나를 위해 불꽃 눈으로 윙크한다

# 옛날의 오월

꾀꼬리가 고운 목청으로
연주 타는 오월이 오면

금낭화는 오선지 위에서
팔분음표를 달고
뒤뚱거리는 오월이 오면

바람보다 일찍 일어난
휘파람새 호이!
휘파람 부는 오월이 오면

철쭉꽃 끈끈한 꽃샘이
나비의 혀를 애무하는
오월이 오면
발바닥이 근질거려
나는야 못 참아라

청보리 배 그어
피리라도 불어야지
나는야 못 참아라

# 나는 귀족 노동자

시큼한 졸음이 한 입 씹혀온다
하루의 경계를 허무는 자정
덧 이빨 사이에 끼어오는
까칠한 한 끼 밥을 먹는다
아늑한 방바닥이 나를 자꾸 끌어당긴다

온 종일 볼트를 매달고 나니
나도 따라 뱅그르르 도는 것 같다
입술은 연신 졸음을 뿜어대고
칠흑 같은 밤 환하게 밝아온다
초를 다투는 컨베이어는 자동차 수레바퀴를 매달고
물구나무서서 나를 힐끗 쳐다보며 지나간다

살붙이처럼 부착되는 잔업과 특근
이십이 년 세월이 기웃거린다
나는야 귀족 노동자

# 족구

짧은 휴식시간
어둠에 파묻혀 있던 네트 위에 조명 끌어다 놓고
우리는 네트를 사이에 두고 공놀이를 한다
공 띄워라 공 받아라
발끝에 힘줄 부풀려 휘어 차면
구름 속에 있던 달이 슬쩍 받아서
건너편 김씨 이마 앞에 내려놓는다
김씨는 야근하면 자울자울 거리면서도
족구할 때만은 고양이 눈처럼 반짝인다
네가 주워 오느니 내가 주워오느니
실랑이 하지도 않는다
공이 담벼락을 넘어가면 모두들 달려간다
우리는 공 하나의 놀이도 나눌 줄 아는
자랑스런 대한민국 근로자들

# 여름 마중

구름이 소나기를 놓았다 당겼다 하면
각시잠자리와 바람 따먹기 놀이해 봐요

태양을 품은 달이 겨드랑이 간질이면
봉숭아 꽃향기로 입 안을 헹구어 봐요

말간 물살에 새악시처럼 발을 담그고
물속에서 노니는 뭉게구름도 잡아보고요

옥수수 가지런히 빗어 넘긴 머리카락 사이로
풍뎅이들 풍덩풍덩 빠져들게 손짓해 봐요

당신, 부르다 목쉰 긴꼬리쌕쌔기 소리로
여름을 송알송알 불러 봐요 달려갈 게요

# 회진 초밥

초밥이 돈다
회전판 위에서 날마다
밑이 빠지도록 돈다

미각의 만족을 채울 때까지
초밥을 말았다 폈다 하면서
내장에 넣을까 말까 하면서

지구가 떨어져 죽지 않기 위해
스물 네 시간 쉬지 않고 도는 것처럼
정월 대보름날 팽이도
채찍을 맞으며 돈다

세상이 돈다 나도 뛴다
돌고 뛰어다녀도
가계부 그래프는 아래로 미끌

# 2부

## 수상한 여름

어디서 날아왔을까 씨앗 하나 손톱달 뜰 때 저수지 앞 개간지에 싹을 앉힌다 구덩이가 수상하다 꿈틀꿈틀, 저 구덩이 누군가 고개 내밀고 있다 저수지 가장자리 꼬마물떼새 구덩이의 비밀을 알고 있다는 듯 꽁무니를 위아래로 흔들어 댄다 두더지가 땅을 뒤진다 들쥐의 수염 안테나에 땅굴의 파장이 잡힌다 아버지는 구덩이 빙 둘러 흙을 파헤치더니 퇴비 한 소쿠리 던져주신다 퇴비 속이 꼼지락거린다 수박 줄기도 따라 푸슷푸슷 고개를 쳐든다 여름이다

## 홀딱새

알싸한 밤꽃 향기를
꾀꼬리가 울어 나르는데
홀딱새도 홀딱 벗고
홀딱홀딱 뛰는데 마는데
간드러지게 울던 뻐꾹새
뻐꾹!
한 마디 하고
뚝!
울음 그치는데
산골짜기 메아리도
따라 숨죽이는데
풍년초 머리채 잡고
김매던 우리 엄니도
뻐꾸기 노래에 장단 맞춰
허기를 달랬는데
면양말 팔러 간 아버지는
발뒤꿈치 드러나게 떠돌다가
양말 가방 던져놓고
술동이에 빠지셨나
홀딱새 따라가셨나

〈

꾀꼬리야 꾀꼬리야
너도 홀딱 벗고 울어나 보렴
홀딱 호올딱

# 며느리의 하늘

시어머니와 만삭인 며느리
장독대에 자리 펴고 누워
말간 하늘 본다

아가!
가을하늘이 말간 것은
단풍잎이 온 티끌을
불태워버렸기 때문이란다

언뜻 이 말을 듣던 며느리가
자리에서 벌떡 일어나
장독을 연다
장독 속에 숯이 동동 떠다니고
구름이 노닐고 있는 모습이 보인다

어머니!
애가 발차기를 해요
가을하늘을 보고 싶은가 봐요

# 추백꽃

샘물 퍼 올 곳 없어
텅 빈 속을 드러내 보이던 물동이 깨워
소매를 담아 이고 오신 어머니
감나무 도톰한 흙살 위에 소매를 뿌리신다

가을 가뭄이 마른버짐처럼
번져가는 감나무밭 곁으로
달디단 바람이 피어오른다

감나무 둘레 흙두덩이 속 돌머리에서
방울방울 튀어 오르는 소매를 받아먹는다
그 모습 지켜보던 어머니
소매 한 바가지 푹 떠서
동백나무 주린 뿌리 위에도 뿌려주신다

밥 한술 떠 줬으니 가봐야 쓰것다
어머니 흐뭇한 얼굴로 돌아서신다

# 어머니의 봄

꽁꽁 얼어붙은 동백꽃
볼기짝이라도 후려치면
입술 뾰족 내밀꺼나

나뭇가지는 옷고름 풀어
연두물결 흔들어 깨우네

따복따복 살 오른 봄볕 쬐러 나와
요들송을 부르던 동박새도
검불 속으로 숨는구나

다시 도져난 꽃샘바람아
북극에서 김장김치처럼
한 열 두어 달
푹 묵었다 오지 그러느냐

# 어머니의 손

나뭇가지가 제 기운만으로 자라난 줄 알았는데
잎새가 가지를 키우고 있습니다
햇볕 받아들여 낭창거리게 하고
비 한 방울 삼키고 쑥쑥

가지에 양분 나르던 잎 사이
파란 하늘을 점점이 수놓던 새 한 마리가
지친 날개를 접으며
찌는 하늘을 팔랑팔랑 내려놓는다

이제 누가 있어 된 더위를 내려놓을까
이제 누가 있어 애벌레를 키울까
잎새 사이사이로 생명을 공급하던 푸른 수맥은
손금인 듯 굳어 있다

어디론가 날아가 잘게 잘게 부서진 몸
길 떠나는 잎새는 손금도 닳아 지워졌더라

# 아버지

맹감나무 그늘에 아늑한 공간이 있어
머리를 누여본다
개미들은 땀을 말리고
가끔씩 볼을 타고 올라와
수염을 비비기도 한다

맹감나무 이파리 불볕더위를 머리에 이고
사나운 마파람과 맞선다
그때 나는 보았다
맹감나무 뒤편에서 생을 떠억 받쳐 주고 있는
거무죽죽하고 볼품없는 줄기 하나

맹감나무 잎이 녹음을 이루고
빨간 열매가 묵직한 체중을 실을 때까지
아버지의 등이 되어 받쳐 줄
그 낡고 서러운 줄기 하나

# 찰옥수수 알배는 법

옥수수 잎사귀가 슥슥삭삭 손뼉을 치면
풍뎅이들 날아와 짝짓기해요
한 무리가 옥수수 수꽃에 앉아 각시방을 차려요
암수가 밀고 당기다가 물구나무 선 채로 살을 섞어요

이눔아 저놈들 쫓아내야지!
아버지의 나무라는 말씀 쏟아져요
한 마리를 잡아 손바닥에 눕혀요
목을 비트는 시늉만 하다가 슬며시 놓아줘요

풍뎅이들 혼례 치르면 옥수수도 통통하게 알을 배요
알 밴 옥수수 옷을 벗겨 입에 물고 하모니카 불어요
풍뎅이들 날갯짓 소리 따라 찰옥수수 입 안에서 톡 톡 터져요
내 배때기에도 파란 물이 들어요

# 가을 마중

논배미가 속마음을 툭 터놓고
벼포기 키우며 조곤조곤 속삭이고
밭두렁 두둑한 흙살 위에서
콩들이 콩당콩당 여물어가면
챙이 넓은 밀짚모자 얹어 쓰고
탁 트인 벌판에라도 나가볼 일입니다

뜨거운 해시계는 초록 잎새 위에
울긋불긋한 물감을 풀어놓기 시작합니다
나뭇잎은 붉은 반점을 새기기 시작하고
하늘은 고추잠자리 날개깃을 따라
자꾸만 자꾸만 높아집니다

여름 내내 신열로 들끓어 오르는 머리
백약이 손사래 치며 달아나는데
당신의 하얀 손에 찬물 묻힌
수건 한 장 쥐어져 있음을 기억합니다
내 이마에 난 매운 열병은
당신이 내민 수건으로 한 방에 식혀졌지요

〈

언제 지나가는 바람도 이리 부드러워졌나요
그대 신겨드릴 파란 신발 문수 재어보느라
서쪽 하늘이 노을로 번져가는 줄도 몰랐습니다
먼 길 떠나갔던 그대 풀떨기 이파리 곧추세우고
실베짱이 실루엣 지그시 밟고 오시는 구려
이 한 몸도 큰실베짱이가 되어
낫처럼 굽은 빨간 꼬리에
헐렁헐렁한 노을을 걸어봅니다

# 아버지가 만든 양말

물레방아가 물결을 짜듯
명주실 뽑아서 면양말을 짠다네
베틀과 손틀 고루 맞춰서 노린내 나는
나일론 양말도 짜낸다네
그래놓고 장터를 찾아가
면양말에 밥줄을 건다네

저놈은 뭔 개뼉다귀야
쇠말뚝에 소주병이 날아와도
소주병을 우두둑 씹어대며 집어던진다네
멀리 달아나는 장꾼들을 보며
막걸리 대폿잔 앞에 놓고 국밥을 말아먹는다네

자리싸움으로 얼룩진 육지를 떠나
괴나리봇짐 하나 덜렁 지고
제주도까지 가본다네
전복 해삼 소라 멍게와도 맞바꿔
하루를 간신히 때우고
먼 바다 바라보며
두고 온 자식 놈들도 떠올린다네

# 반딧불이 별꽃

어머니가 씨 뿌려놓았던 도라지가
꽃불을 켭니다
빈집 뒤란에 파란 불빛이 깜빡깜빡
우물가 돌담 틈에서
반딧불이 유충이 기어 나옵니다
반딧불이 새끼가 길 잘못 들까 봐
어미는 불을 밝혀줍니다

그렇게 반딧불이 유충 자라나
날개 달고 꽁무니에 불덩이 달았습니다
도라지꽃 위에 앉아 밤새우는 반딧불이
개울가에 도라지별꽃으로
뭉게구름 계단도 오릅니다
그 뒤를 반딧불이 새끼가
아무 걱정 없이 따라갑니다

# 연대

어머니가 하루 일을 접고자
호미 씻으러 저수지 둑을 지나간다
일바지에 붙어 있던 싸리 씨앗 털어낸다

꽃싸리 가랑이를 빠져나온 물
개울로 실개천으로 나뉘어 흘러간다
할머니 사는 집 털끝도 건들면 안 되니까

싸리나무 뿌리가 무너져 가는 둑을
꽉 움켜쥐고 있다
다슬기가 구르는 돌멩이를
움켜쥐고 있다

# 어머니의 홑동백꽃

어머니는 요양원에서 노년을 애잔하게 붙들고 살았다. 가녀린 생 내려놓을 때까지 부축을 받아야만 가까스로 일어나서 볼일 보려 하시던 당신, 그 마른 풀같이 가벼운 어머니의 옥체를 죽기 전에 잠시 안아보았다. 아무래도 올해를 넘기기 힘들 것 같은 생각이 들어 눈시울이 뜨거워졌다. 그런 방정맞은 생각이 씨가 되었을까. 동백꽃 일제히 불 지르는 사월의 중심에서 어머니는 떠났다. 내 안에 모시던 큰 나무 한 그루 재가 되어 감나무 밭에 묻힌 것이었다.

어머니가 떠나고 어머니 같은 동백꽃이 뒤따라 통째로 떨어져 내렸다. 떨어지는 속도가 무서웠다. 땅에서 하늘까지 바알갛게 불태우더니 땅바닥에 꽃비단길 깔아놓고 누운 것이었다. 나는 바람에 쓸려가지 않게 봄동으로 푸른 가림막을 쳐주었다.

# 역귀성

버스 전조등이 어스프레하게 비친다
나 혼자 올라가면 될 것인디
온 식구가 내려올 것 없어야 하시며
기어이 먼 길 떠나오신 어머니
수박 담긴 대야를 머리에 이고서
수박 무게에 눌려 목이 기울어진 채로
한 손에는 풋향기 솔솔 나는 쑥떡을 찧어서
석작에 이고 오신 어머니
한 손에는 구린내 나는 은행 혹시 흘릴까봐
비닐봉지에 겹겹이 싸서 오셨다
열 시간 소요될까 열 서너 시간 걸릴까
내 가슴앓이 하는 심사를 쓸어주며
귀성길 방향을 역으로 되돌려 오신 어머니
길게 길게 꼬리를 질끈 물고
명절을 내려놓는 버스터미널
오매!
우리 엄니 오네

# 팥중이

버려진 민둥산 꼭대기 여기는 팥중이 왕국
뒷동산 헬기장에 노래방 차렸어요
발길 뜸한 헬기장에 잠자리 한 마리 오지 않는데
팥중이 노래 소리는 방방곡곡 울려 퍼져요
콩잎 팥잎을 첩첩 발라먹으며
제 짝을 찾아 밤새도록 노래 불러요
쌍꺼풀진 눈매에 그리움 한 말 머금고 나를 반겨요
재 넘어 누구 오나 바라보며 목청껏 노래 불러요

팥중이 노래 듣다 손가락을 슬그머니 들어 올려요
뒤집힌 세상도 보라며 뉘어놓고 배를 간지럽혀요
팥중이에게서 아버지의 냄새를 맡다가 보내 주어요
여기는 애초기 칼날도 없고
엳어진 그리움을 캐낼 수 있는 땅
홀로 남은 아내를 기다리는 아버지의 무덤

## 어머니의 집

벌겋게 녹을 달고 사는 대문
빨랫줄도 흔들지 못한 미세한
바람 한 점에도 삐그덕 소리 내고

드센 바람이 싸대기를 때리면
부석한 녹 군더더기들
떠날 때를 기다렸다는 듯이
콘크리트 위로 쏟아진다

쓰라린 가슴을 움켜쥐고
녹 군더더기 박박 긁어대
대문의 상처를 덮어준다
하루 지나 봄 비 한 줄기 다녀가신다

수십 송이 영롱한 등불이 아슬아슬

# 먹때알

툇마루 짜놓은 아파트 쪽마루
흙 한 줌 섞이지 않은 화분 속은
퇴비똥만 가득
어느 날 기척도 없이 날아든 씨앗 한 톨
화분에 뿌리내리기 위해
샅바싸움 하더니만

세상에 먹때알이 다 열렸어야!

까맣게 윤기 나는 열매를
이리저리 살펴보시던 어머니가
하나를 따서 내 입 속에 쏙 넣어주신다
때깔은 까매도 달짝지근하지야?

한 움큼 따서 주전자에 달인다
목수술로 식도가 좁아진 어머니
머그잔에 따라 한꺼번에 들이킨다
어머니 아랫배 작은 지구에
푸른 등불 알알이 켜졌겠다

*먹때알 : 까마중

# 3부

# 풀벌레 오케스트라

수꿩이 꿩꿩 홰를 치며
풀벌레 악단을 불러 모아요
까투리가 발가락 지휘봉으로
풀이파리 등을 긁으며 핫둘핫둘 율동을 해요
콩밭에서 콩중이 콩콩 방아 찧고
팥밭에서 팥중이 팥팥 뛰어다녀요
소프라노 베짱이가 목청을 높이면
방아깨비 뒷발로 건반을 쳐요
사마귀는 소 눈깔에 알을 낳는
쇠파리를 물고 앞발로 기타를 쳐요
산창가에 풀잠자리 물창가에 물잠자리
모두모두 날아들어서
꼬리를 씰룩거려요
그때 여치 한 마리 겅중겅중 뛰며
가을이 온다고 소리쳐요

# 해남 물감재

수평선에 조수가 밀려오면
땅끝마을 해안선은
필름을 감기 시작한다

짭조름하고 비릿한 해풍
간을 알맞게 섞어
배추밭에 부려놓는다
사금파리 같은 햇볕조각
황토밭 물감재 줄기 위에도
금싸라기로 뿌려준다

물렁물렁한 물감재 살
아삭한 배추김치 돌돌 말아서
한입에 쏙
토실하게 살 오른 동치미 동동 띄워
후루룩 마시면
응어리진 가슴들 멍울 풀리겠다

너는 땅끝 마지막 변방에서
짠물 비린 물 삭히고 우려내어
그리도 속살이 물컹하더냐

# 콩중이

수박밭에서 잡풀을 맨다
속옷까지 비지땀으로 흥건하다
쪼그린 다리 잠시 펴고 일어나
이마에 난 구슬땀 훔쳐낸다
콩중이 억새 잎 와자작 베어 먹다가 날아간다
노란 굴렁쇠가 노란 부채를 부치며 날아가듯
공중제비를 하며 저만치 날아간다
열섬이 가득한 수박 밭에도 내 얼굴에도
부챗살 되어 바람을 부쳐주는 콩중이
앞가슴 등판 위에 새긴 딸각이로 연주도 한다
그 딸각이가 딸각 거릴 때마다
수박밭에 퍼지는 싱싱한 세레나데

# 원적산의 진달래꽃

꽃비가 간간이 내리는 날
진달래 치마폭 속으로 빠져든다
부평공단 회색빛 굴뚝들도
잠시 숨을 고르고
동그란 얼굴엔 화색이 돈다

굴포천 물줄기 남아놓은 원적산으로
구릿빛 손들 삼삼오오 모여든다
아이스크림을 서로 나눠 베어 먹던 연인도
꽃수레 되어 유모차 밀고 가는 새댁 내외도
쌍안경처럼 카메라 도수를 당겨놓고
연신 풍경을 담던 할아버지도
원색 옷 두르고 나온 할머니도
봄날 연분홍 치마에 둘둘둘 말린다
노루 꼬리만큼 짧은 공일이 지나간다

# 모과꽃

수박밭 일구어 사이사이에 감나무 심었어요
감나무 밭 경계에 모과나무도 심었어요
아버지는 수박 순 뻗어 가는 바른길 잡아주시다가
일벌들이 마음 놓고 드나들게
촘촘히 핀 감꽃도 똑똑 따 주시다가
저 세상으로 훌쩍 건너가셨어요

다리 밑에 수박을 키우던 감나무는
주인을 떠나보내고 시름시름 앓더니
감꽃 피우는 법도 잊어버렸나 봐요
들과 산은 온통 꽃바람 천국이네요
거름 한 줌 없는 흙 속에 뿌리 묻고서도 쑥쑥 자라나
주인 떠난 밭두렁 절벽에서 빨간 볼 내밀어요
못자리 마친 논두렁 너머로
연분홍 꽃잎 방울방울 나부끼네요
모난 돌배꽃도 놀다 가고
감꽃도 어우러져 노랑 꽃술 불 밝히다가
스을쩍 자리를 뜨기도 하네요

# 월출산의 달

탐진강 은어 떼 지느러미로 빚어 놓은 달
월각산이 봉오리에 슬그머니 밀어 올린 달
월출산 바위 손을 닮아 서러운 달
구만 개 바위 손이 함께 거드는 달

못 속에 달이 빠진 것인지
하늘이 잠시 내려와
연못을 이고 있는 것인지

말랑물렁한 달
물렁말랑한 달

삼각대에 사진기 오려놓고 달을 찍어요
찰카닥 찰카닥 달이 무는 소리
별떨기 잡히는 소리 넘쳐흘러 연못에 빠져요
아홉 개 연못이 연정을 품고 반짝여요

구정봉 연못에 담긴 달 떠 먹어요
술잔에 찻잔에 국그릇에
아무리 떠다 마셔도 줄지 않아요

# 서리꽃이 필 때면

고구마 캐 줄기와 잎 멍석에 널어놓아요
햇볕만 쬐어 말리는 게 아니에요
서리꽃을 뿌리고 볕과 버무려 말려요
풋향기 배어 있어 우리 집 염소가
냉큼 달려와 주워 먹어요

멧돼지 기어 와
감나무 밑동이에 옆구리 비벼요
꼭지 파란 감 한 덩이 뚝 떨어져요
꿀돼지가 한 입 베어 먹다 그만
짧은 비명 지르며 떼굴떼굴 굴러요

서리꽃이 피면
흙갈이 없는 버려진 들판이거나
응달진 산의 흙거죽이거나
단단한 흙의 속살도 벌떡 일어나
오랜만에 기지개를 켜고
촉촉한 숨을 쉬어요

# 홀씨 한 알

홀씨 한 알 날아들어
삼백 년 묵은 공산 홍련지에서
철부지처럼 뒹굴어 본다

기운 오두막집 연못에도
참깨밭 웅덩이에도
연꽃탕은 자리를 잡고

홍련지 가장자리 마른 틈새에
푸릇푸릇 잡초가 머리를 들면
소를 몰고 온 목동들 다가와 말뚝을 박는다

발기한 연꽃은 노인 얼굴에
차광막을 치고
연잎 부채 설렁설렁 바람 일으키고
뿌리 곁에 질펀한 개흙 속에서
미꾸라지 한 마리도 꿈틀거리고

# 자운영

– 자줏빛 옷고름

자운영꽃 무릎을 팔베개인 양 베고 누워볼까
복숭아꽃 한 장 두 장 낯을 붉히면
꿀벌들의 날개를 솜이불인 양 덮어볼까

그대를 기다리다 하냥 지쳐서
남으로 난 산굽이길 총총 나섰네
풋거름 내음 솔솔 일어나는 논배미에서
자주구름이 옷고름을 풀고 있네
논이 차려놓은 밥상은
청상추 풋마늘 유채나물로 진수성찬이네

누가 또 그대를 애타게 기다리는가
자줏빛 융단을 깔아놓은 자운영이
구부러진 논두렁에서 먼 길을
한없이 한없이 쳐다보고 있네

# 미꾸라지 쟁기 갈다

발가벗겨진 논바닥에서
미꾸라지가 쟁기를 갈고 있어요
흙탕물로 눈 가리는 녀석은
하마 입 닮은 메기 짓이고요
논둑에 굴을 파서 잡아놓은 논물
빼먹는 녀석은 드렁허리 짓이지요

장대비 쏟아져 마당에 물이 흥건해요
개울인지 마당인지 분간 못할 빗물 따라
송사리, 미꾸라지, 피라미가 파닥거려요
비 그치면 개울로 향한 물꼬를 트고
작은 고랑을 파서 물길을 내요
길을 잘못 들어 갇힌 물고기들
일제히 춤을 추며 시냇물 속으로 돌아가요

미꾸라지 한 마리가 온 물을 흐린다고요?
천만에요 논바닥은
미꾸라지가 속을 파고들어 숨도 쉬고
생기발랄한 공기도 마셔요

# 파란 하늘

호수 물이 파랗게 찰랑거려
두 손으로 포옥 떠봅니다
파란 물감이 배어들 줄 알았는데
마알간 물살입니다

바닷물이 붉게 물들어
바가지로 떠보니
적조가 들었습니다

선녀탕에 청솔잎이 그림자를
담그고 있습니다
녹조가 들었습니다
산천어가 물결을 해적입니다
거울 같은 물비늘입니다

파란 하늘도 한 바가지 떠온다면
말간 빛깔일 겁니다
말간 속내가 있기에
파랗게 멍도 들 수 있는 게지요

# 출렁출렁 가우도

물결이 인다 가우도
물굽이가 출렁출렁 그네를 타면
갯벌 속에서 굴을 뚫고 살던 바닷장어 한 마리
불어난 바닷물 따라 봄바람 쐬러 간다

만덕산은 아담한 병풍을 물속에 꽂고
아슴아슴 푸른 눈썹을 민다
다산초당 동백꽃 붉은 순정도
물속에 들어와 살을 섞는다

망호 선착장에서 세발낙지로 배 채우던 수컷붕장어
주작산 진달래 꽃물 받아 마시고
청자마을 저두리로 돌아간다
저두리 앞 바닷물에서 자맥질하던 암컷붕장어
풋보리 내음 마시고 망호마을로 돌아간다

바다를 품은 멍에 진 섬이 출렁거릴 때
등 넓은 거북이도 섬으로 다시 태어난다
보따리장수 등짐장수 건너오면
이마에 난 구슬땀도 핥아주는 가우도

# 울릉도

어둠 한 조각 맨 먼저 살라 먹고
흑비둘기 잠을 깨운다
수평선이 샤르르르 눈 비비며
바닷물이 윤슬을 꿰어 채를 썰기 시작한다
뱃멀미도 내겐 짜릿한 전율
울렁이는 건 처녀 가슴만이 아니다
불혹 고개 가붓가붓 넘어서오니
오징어가 덕장에서 부푼 가슴으로
나를 기다린다
섬초롱꽃 떨군 꽃잎을 거름 삼아
참고비 명이나물 쑥쑥 키웠나니

너는 작은 참치 가슴에 키워
독도까지 풍어 떼를 이어놓았구나
울도방울새 똥으로 꽃문신도 새겨놓고

# 자운영

옥구슬 없어도 그대는
꽃목걸이 뜨섬뜨섬 잘 짜요
꽃반지는 외줄기로 반짇고리 걸어요
꽃팔찌는 애줄기로 꼬리 묶어 옹그려요
하교해서 자율학습한다던지
농사일 한손 보태라는 아버지의 목소리가
붉게 달아오른 꽃밭의 품에 안겨 있는
내 이름을 붙잡고 벼락을 쳐요
나는 귀를 닫아요
꿀벌들 날갯짓에만 귀를 열어줘요
난 그대가 짜놓은 자주방울 꽃반지 끼고
실없이 쪼개다 걷다 드러눕다 해요
논가에서 풀 뜯는 황소의 코뚜레에도
자줏빛 월계관 엮어주었으면

# 참나무꽃 사랑

참나무 잎새는 아직 꼬물거리는데
날실에 꿴 푸른 구슬처럼 길다랗게
꽃술이 죽죽 늘어져 있다
꿀벌은 오지 않는데
꽃바람 피울 채비를 하고 있다
잎새가 돋아나지 않아 가림막도 없는데
꽃그늘 살짝 씌워놓고
애벌레들 눈을 가리고
꽃술놀이하고 있다
바람이 간간이 잎을 뒤적여주면 그때
수꽃이 암꽃 자궁 속으로 들어간다
아하!

# 4부

# 화평선

갯벌은 갯지렁이 써레질하는 몸짓으로 가득하다
갯벌 속에서 혀로 농을 치던 청둥오리
갯지렁이 등지고 황급히 어둠 속으로 사라진다

쓰레기차가 갯벌에 육중한 체중을 내려놓는다
불도저 빳빳한 발자국이 그 패잔병 머리를 다시 누르다
거기에서도 코스모스 씨앗들은 촉수를 내린다
채로 걸러놓은 듯 고슬한 흙살이 코스모스의
여린 뿌리를 받쳐준다

쓰레기장이 된 뻘밭 일백만평 화평선을 이룬다
꽃대궁이 따로 없다
허허,
꽃벌판이 따로 없다
난 쓰레기 매립지가 된 갯벌도 잠시 잊고
꽃멀미를 일으키며 팡팡 사진을 찍어댄다

## 농군 성실이가

성실이 기와집 용마루는 고래등 같은데
먼 이국 뱃길을 깨워
평생 몸 다독여줄 배필 데리고 온다

유유자적 세월만 낚아도 되는데
어선에 몸 싣고 바다를 품는다

해파리 독침에 쏘인 날치 떼 배 위로 날아드니
모두들 손 내밀어 배 가르고 살 바른다
이건 사람이 할 짓 아니야,
뱃전에 독소를 퍼붓고 돌아와
아내와 벼포기 어루만지며 멸구 떼도 쫓는다

논두렁 쥐불들이 산을 타고 오르면
소방차보다 먼저 달려가 산불과 맞선다

같은 마을 세상 뜬 김씨네 감나무밭
수백 그루 밑동에다
지게 가득 담아온 두엄도 뿌려준다
쌀 한 섬이라도 셈하려 하니

되었네,
되었네,
그런 넉넉한 말씀도 내뱉으시고

# 칡꽃

너는 코브라 뱀띠
기어 다녀야 할 습관 버리고
감나무 위로 기어 올라가
허공을 야금야금 베어 먹는다

수직으로 고개를 쳐든 칡꽃은
감나무 꼭대기에 태연히 눌러앉아
생리혈 같은 꽃가루를 뚜욱 뚝
떨어뜨린다

벌들이 날아와서
옆구리에 집을 지어도
칡넝쿨은 모르는 척
하늘로 길을 튼다

# 자운영

하얀 두루미의 날개로 날고 싶은 날 배나무 과수원 옆에 돌이 된 듯 붙어 섭니다

배나무 과수원을 마주하고 작은 집 지어 스치듯 살다간 사람 있지요 무쇠솥 두 개 아궁이에 걸어놓고서 소여물을 쑤고 때 절은 속옷 백양목처럼 삶아 걸다가 내 눈과 딱 마주쳤지요 그녀는 바라보는 일도 쑥스러운데 둥근 식탁 마주하고 유자차를 끓여 따라주었지요 난 그때 튀밥처럼 튀는 녹비 향기를 당신이 스러져 갈 때까지 마시고 싶었습니다

배꽃 수북하게 올라오는 배나무 아래에 앉아 큰유리새가 되어 그녀를 불러봅니다 하지만 자주댕기 두른 그녀는 내 눈망울 속 아득히 먼 곳에서만 초롱거려요 논가에서, 숯처럼 까맣게 탄 꽃씨 하나 맺힌 채로, 그렇게

# 섣달

뻐꾸기는 오목눈이와
애잔한 눈빛 나누다가
남국으로 나침반을 돌리며 날아가 버렸고

쇠기러기 ㄱ ㄴ 새기며 날아왔다가
텅텅 빈 곳간 뒤지다
산모롱이 샛길 돌아 날아가 버렸고

높은 산 암벽 옆구리에 난 소나무
굽은 몸매로도 구름을 흔들어
고동 같은 함박눈 펄펄펄 내리게 하고

# 정형의 빨간 구두

대낮 발품 팔아 전단지 나르고
밤이면 무도장에 나가 발춤을 추는 정형
오늘은 내 손품이 그 서러운 굽을 다독인다
발등과 구두 내피 사이
발바닥과 깔창 사이 바람 들면
발놀림이 무거워 턴이 어려워진단다
댄스에 발품 팔아 생계 꾸려가는 정형 구두코 위로
수십 번 미끈한 망치 더듬이를 더 도닥거려주고
구두 밑창 둥근 외곽선 홈을 파고
두툼한 실줄을 눕히는 곳
구두 밑창 꿰매는 미싱점을 찾아 나선다
짐받이 자전거에 가림막 없는 상자를 얹어
정형 구두 눕히고 바퀴살을 굴린다

정형이 주인 되는 춤방에 광고 올려
내가 만든 수제화가 명품이라고
목 긴 여화 부츠
쩔렁쩔렁 흔들어 주겠다던 정형

# 오월 애愛

연가를 불러보자
연한 바람결
올올히 잡아당겨
끊어질 듯 이어지는
휘파람새 목청 마디에
연두촉 쏘아보자

연가를 불러보자
허공에서도 덜렁거리는
금낭화 복주머니에
삘리리리
풀잎피리 담아보자

연가를 불러보자
솟아난 풀뿌리에도
꽃을 피우는
박태기꽃 꽃밥알로
연지곤지 찍어보자

# 실미도

하늘이 비단 가슴을 열고 내려온 곳
구름이 제아무리 내려오고 싶어도
심해까지는 결코 다다르지 못하는 곳

바닷물이 옥빛 물방울을 올려놓은 곳
바닷물이 제아무리 용솟음쳐 올라도
하늘까지는 결코 닿을 수 없는 곳

말 없는 넋이 푸른 파도로 출렁이는 한
그 어떤 것도 떠나고 돌아오지 못하는 곳
그 무엇도 발걸음을 멈추고
묵상에 잠겨야 하는 곳

조가비야 참게들아 소라들아
태양 잡으러 잠시 숨자구나

초승달 꼬리를 질끈 물고서
오늘도 갈매기 날개깃을 다듬고
홀로 서 있는 섬 실미도

# 국밥을 먹는다

컨베이어에 달달 실려 다니며
묵은 때 벗겨내는 연마 기계가
생계를 회전시키고 있다

허리가 활처럼 휘 김형도
뱃살이 등살과 맞닿은 박형도
노동의 배냇저고리를 잠시 벗어놓고
점심 한 끼 채우러 음식점을 향한다

돼지고기 살 한 점 비계 열점
두 사람 국그릇에 둥둥 떠다닌다
이마의 미간을 수직으로 오므리고
콧바람 내쉬면 후두둑 국그릇 위로 쏟아지는
가루의 파편들이 파장을 일으킨다
두 사람 목에 술술 넘어가는
국 한 그릇 땀 한 그릇

# 강진 쑥떡

청산도 보리바람 쐬러갔던 바닷물
울돌목으로 일 나갔던 바닷물
이백여 리 육지의 품을 내어놓은
강진만 남포 갯벌에서
조각배 띄워놓고 노를 젓는다

탐진강 하굿둑에서 나 어린 가시네들 쑥을 캔다
그 어미는 기다리다 흰 찹쌀을 통통하게 불리우고
탐진강 푸른 물 개어 구운 청자접시는
쑥떡 담을 일만 기다리며 바람을 쐰다

총각 둘이서 떡을 찧는 방앗간에서
쑥쿵쑥쿵 강진 쑥떡이 익어간다
푸른 사랑이 익어간다
고소한 콩고물도 익어간다

천 리길을 숨 가쁘게 달려가던 버스가
콧속을 후비는 쑥떡 내음 맡고
낯익은 나들목에서 깜빡 발걸음을 멈춘다

# 자운영

자운영 잎줄기 못 보거든
배불뚝이 독새풀 정강이라도
걷어차고 넘어뜨려 보아요

논배미에 연자색 꽃방울 볼 수 없거든
유채꽃 바지 가랭이라도 들춰 보아요

소 엉덩짝에서 굴러 떨어진
쇠똥 한 주먹만큼
저 혼자 논가에 피어 꽃내음 날리나니

피라미드 같은 퇴비더미를
바지게로 엎어놓고 가는
농부의 발뒤꿈치에 즈려 밟히기도 하나니

# 가장 수탉

시장에서 사온 갈치대가리
잘게 잘게 토막 내서
수탉에게 던져주었는데요
날름 받아 암탉에게 먼저 먹여주고요
수탉은 더 내놓으라고 그런 것인지
휘황한 날개 깃털 비스듬히 곧추세우며
내게 덤벼들어 발로 할퀴고 쪼아대요

영숙이가 들고 선 갈치 냄비
암탉은 도망가고 수탉이 달려들어요
막대기로 수탉 향해 휘휘 저어요
이리저리 매질 피해 다녀요
영숙이 머리 위에 올라타고
꽃핀을 혀로 핥아보다 쪼아대요

에구머니나!
어쩌나!
영숙이 그만 떨어뜨린 갈치냄비
거기 담아놓은 갈치토막 훔쳐 물고
수탉이 유유히 새끼들에게 달려가요

# 영현이

허름한 집집마다 상가마다 천장 모서리 재며
별무늬를 총총 박아 넣던 영현이는
새끼를 주렁주렁 다섯이나 두었다네
몸무게는 백 키로가 훨씬 넘어서
흐느적흐느적 몸을 가누지도 못할 것 같은데
백 미터 달리기 시합을 하면
젊은이들 그림자 꽁무니도 못 밟았다네
제주도 건너가 너털웃음으로 밀감을 따고
벽에 달무늬 새기며 살았다는 영현이
꽃구경 단풍놀이에 함께 빠져보자고
약속날짜 들었다 놓았다 해도
되려 불러주지 않을까 애간장 태웠다며
한달음에 휘리릭
내 지친 하소연을 걷어내는 영현이

# 성술이

성술이 장가드는 날
노래 한 자리 내놓았지
가요 하나 몰라서
작업현장에서 배운
늙은 노동자 노래 불렀지
장인은 얼쑤!
발로 박자 맞추고
장모님 이마에 주름살
잠시 접혔다 펴졌지

콧노래 들려 문을 열고 보니
성술이는 대야에 물 받아놓고
발 담그고 있었지
그러자 늙은 장모가 다가와
허리 굽혀 욕실 바닥 짚고
엉덩짝 토닥토닥 주물러 주었지

물방울도 또르르르 콧노래를 따라 불렀고

# 팔월

불안은 죽죽 빗줄기를 긋고 내려와
햇살 등 뒤로 숨기도 한다

장마의 긴 장대비에 다져지고
걸쭉하게 늘어뜨려 발라놓은 듯한 흙이
땡볕이 된 땅을 다시 가열시키기 시작한다

방아깨비 뒷다리 가시 날끝이
살갗을 밀어내고 나온다
왜 팔월 들녘에 나와 풀벌레는 우는가
생각해 볼 일이다

■□ 해설

# 자연과 삶의 율동을 교직하는 시

오봉옥(시인)

## 1

1990년대 이후 한국의 시단은 생태와 떼려야 뗄 수 없는 관계를 유지해왔다. 환경오염을 주목한 시들, 생태학적 상상력에 의해 쓰인 시들, 문명의 길을 통렬하게 반성하고 새로운 길을 탐색한 시들이 넘쳐났다. 그런데 대다수의 경우 그건 목적의식의 결과일 뿐 자연스런 발산으로 느껴지지 않았다. 자연스런 발산은 생래적으로 자연과 더불어 살아온 사람들의 몫이었으니 그건 당연한 일이기도 했다.

김상률은 생래적으로 자연과 하나가 되어 살아온 사람이다. 그는 굳이 생태를 앞세우지 않는다. 그저 삶 속에 생태가 녹아있을 뿐이다. 김상률의 생태에 대한 지식은 많은 사람들을 놀라게 한다. 동식물을 이야기하다 모르는 게 등장할 때 우린 자연스럽게 김상률을 바라보곤 했다. 그 때면 그는 오래된 친구를 말하듯이 빙긋이 웃으며 그 이름과 특성을 꺼내기 시작한다.

우리가 살아온 삶을 돌아보면 김상률처럼 자연친화적으로 살아온 사람이 적지 않다. 50세가 넘은 사람들 대다

수는 농촌 출신이고, 도시 출신이라고 하더라도 그 시대적 배경이 농경사회의 분위기였음을 감안한다면 생태가 낯선 것일 순 없다. 그럼에도 불구하고 단언할 수 있는 것은 김상률처럼 일상과 자연이 일체화되어 드러나는 경우는 드물다는 사실이다. 그의 시를 살펴보도록 하자.

## 2

김상률 시의 무대는 환경 파괴와 생태학적 위기를 드러내기 위해 의식적으로 찾아가는 공간이 아니다. 그가 그려낸 무대는 늘 일상이다.

> 방아깨비가 내 등산복 바짓가랑이에 붙어 산을 오른다 암컷이 수컷을 태운 채 살을 섞으며 함께 간다 거센 바람이 바짓가랑이를 펄렁거리는데도 둘이 꼬옥 붙어 떨어지질 않는다 사람들이 야호야호, 소리를 지르는데도 도무지 떨어질 기미를 보이지 않는다 잔디 잎만 베어 먹다가 나눈 구석진 사랑이기에 깊이깊이 빠진 것인가 보다 나는 기꺼이 사랑의 씨알받이가 된다 정상에 올라 방아깨비 한 쌍을 등산복에서 떼어 가만히 놓아준다 둘이서 온 산을 뛰어다니며 사랑을 나눌 수 있기를 바래본다 내년 여름엔 그 새끼들도 데불고 하나둘 하나둘, 소풍을 떠날 수 있기를 바래본다
>
> ―「방아깨비 사랑」 전문

김상률이 잔잔하게 담아내고 있는 이 장소는 주말이면 찾게 되는 산이다. 이 장소는 결코 우리의 몸으로부터 분리된 추상의 공간이거나 우리의 감정이 불러낸 무정형의 공간이 아니다. 이 시의 대상이라고 할 수 있는 '방아깨비' 역시 화자가 바라보는 대상이 아니라 화자인 '나'와 일치된 대상, 그래서 이 시의 뼈대가 되는 대상이다. 화자는 등산복 바짓가랑이에 붙어 살을 섞고 있는 방아깨비 한 쌍을 따뜻한 시선으로 바라보고 있다. 방아깨비 한 쌍은 사람들이 "소리를 지르는데도 도무지 떨어질 기미"를 보이지 않는다. 오직 사랑에 눈이 팔려 화자와 더불어 산을 오르고 있을 뿐이다. 화자는 여기서 그들의 곤궁한 삶을 떠올린다. 방아깨비가 살아온 곳은 맘껏 뛰어놀 수 있는 들판이나 산이 아니라 어느 도시 한구석의 '잔디'였다는 사실. 그곳에서 "잔디 잎만 베어 먹다가 나눈 구석진 사랑"이었다는 사실. 그 연민의 시선은 역으로 자연을 벗어나 문명의 한복판에서 숨 가쁘게 살아가는 인간들의 삶을 환기시킨다. 그러기에 화자는 산의 정상에 올라 "방아깨비 한 쌍을 등산복에서 떼어" 가만히 놓아주게 된다. 그와 더불어 상상력을 발동시켜 "내년 여름엔 그 새끼들도 데불고 하나둘 하나둘, 소풍을 떠나는" 모습을 그려본다. 이러한 소박한 바람 역시 자연을 벗어나 도심 한복판에서 힘겹게 살고 있는 화자의 삶을 바탕으로 하였기에 자연스럽게 다가오는 것일 터이다. 이와 같이 김상률은 '생태'를 의식적으로 드러내지 않고 자신의 삶 속에서 자연스레 끄집어내 그 속에서 깊은 이치를 발견하곤 한다. 다음의 시도 마찬가지이다.

폭염 한 섬 짊어지고 수로 공사장을 간다
강물은 수장룡 등에 실려가 버렸나
물 한 방울 흔적도 없다
수도배관 수평을 잡고 물길을 열면
좔좔 물 달리는 소리
잠든 여우를 깨운다
굴삭기와 불도저는 서로 눈짓을 하며
사막의 모래를 물어뜯는다
야행을 해체당한 여우가 기어 나온다
꽁꽁 감춰두었던 꼬리를
노출시키고야만 전갈도
전갈새끼도 줄줄이 기어 나온다
여우는 그 틈에도 두 귀를 쫑긋 세워
전갈꼬리를 물기 위해 이리저리 움직인다
전갈은 한사코 모래 틈으로 고개를 처박는다
여우는 한사코 꼬리를 물어 전갈을 꺼낸다
난 말없이 굴삭기 시동을 끈다

—「산다는 것」 전문

그는 한때 중동에서 일한 것으로 전해진다. 이 시는 사막을 살아가는 존재들의 삶을 리얼하게 보여주고 있다. 사막의 존재들은 뜨거운 햇볕을 피해 모래 속으로 숨어든다. 모래를 뒤집어보면 수많은 생명체들이 그 모습을 드러낸다. 잠든 여우하며 전갈 등이 그것이다. 인간의 욕망은 사막까지를 도시로 탈바꿈시키고자 한다. 카지노의 대도

시 라스베가스가 그러하고 사막에 세워진 기적의 도시 두바이가 그러하다. 이 시의 화자 역시 사막을 개발하기 위해 머나 먼 타국 땅에서 일하고 있는 존재로서 수로 공사를 하고 있다. 그런데 굴삭기와 불도저로 모래를 파헤치다보면 수많은 생명체들과 마주하게 된다. 문제는 자신들을 노출시킨 그 사막의 존재들이 인간들에 의해 파헤쳐지는 순간에도 본능적으로 먹이활동을 한다는 사실이다. 인간들에 의해 "야행을 해체당한 여우"가 그 틈에도 "두 귀를 쫑긋 세워 전갈꼬리를 물기 위해 이리저리 움직인다"는 사실, 그때 전갈은 또 살기 위해 "한사코 모래 틈으로 고개를 처박는다"는 사실이다. 화자는 여기서 또 삶의 깊은 이치를 발견한다. 산다는 건 저렇게 처절하고 엄숙하다는 것. 아니 엄숙해야만하기에 화자는 "말없이 굴삭기 시동"을 끄게 된다. 이 시의 등장인물인 화자와 여우와 전갈은 공통점을 지니고 있다. 그것은 제목에서 상기시켜 주는 바와 같이 살고 있다는 것, 살아간다는 것이다. 살기 위해 머나 먼 타국의 사막에까지 가서 일하는 화자나 자신의 거처가 드러난 위기 상황 속에서도 먹고 살기위해 전갈꼬리를 낚아채려는 여우나 그리고 또 살기 위해 한사코 모래 틈으로 고개를 처박으려하는 전갈은 다를 바가 없다.

김상률의 생명체에 대한 연민은 동식물을 가리지 않는다. 다음 시를 보자.

> 어디서 날아왔을까 씨앗 하나 손톱달 뜰 때 저
> 수지 앞 개간지에 싹을 앉힌다 구덩이가 수상하다
> 꿈틀꿈틀, 저 구덩이 누군가 고개 내밀고 있다 저

수지 가장자리 꼬마물떼새 구덩이의 비밀을 알고
있다는 듯 꽁무니를 위아래로 흔들어 댄다 두더지
가 땅을 뒤진다 들쥐의 수염 안테나에 땅굴의 파
장이 잡힌다 아버지는 구덩이 빙 둘러 흙을 파헤치
더니 퇴비 한 소쿠리 던져주신다 퇴비 속이 꼼지락
거린다 수박 줄기도 따라 푸슷푸슷 고개를 쳐든다
여름이다

—「수상한 여름」 전문

이 시에서 주목하는 생명체는 '싹'이다. 그 '싹'은 아버지의 정성과 뭇 짐승들의 관심 속에서 생명력을 키워간다. 그리고 뜨거운 여름이 되면 그 '싹'은 수박이라는 이름으로 우리들의 식탁에 오를 것이다. 주목할 만한 점은 그 '싹'을 중심으로 관계를 맺고 있는 존재들의 면면이다. 꽁무니를 위아래로 흔들어대고 있는 '꼬마물떼새'의 행위, 수염 안테나에 땅굴의 파장이 잡혀 귀를 쫑긋 세우고 있는 '들쥐'의 행위, 마찬가지로 땅속 비밀을 알고 있다는 듯이 땅을 뒤지고 있는 '두더지'의 행위, 그리고 그 '싹' 위에 퇴비 한 소쿠리를 뿌려주시는 '아버지'의 행위, 이 모든 행위들은 그 '싹'을 중심으로 이루어지고, 관계 맺고, 공생을 하는 것에 지나지 않는다. 그런 관계망 속에서 수박의 싹은 질긴 생명력을 이어가고 결국 열매를 맺게 된다. 재밌는 점은 그 여름의 전조를 화자가 땅속 '수박 줄기'에서 찾고 있는 것이다. 이렇듯이 이 시 역시 인간과 식물 사이의 섭식관계나 동식물 간의 공생관계를 의식적으로 말하지 않는다. 그저 자신의 삶 속에서 자연스레 끄집어냈을 뿐.

3

김상률에게서 발견되는 또 하나의 미덕은 리듬이다. 위에서 언급한 「방아깨비 사랑」이나 「수상한 여름」 같은 산문시 역시 운문시가 아님에도 불구하고 리드미컬하게 읽혀지는 것은 다름 아닌 우리 말 흐름의 특징을 잘 살렸기 때문이다. 3~5음절을 반복시키면서 때로는 당기고 때로는 또 풀리게 하여 그 유려함을 만들어 낸 것이다.

알싸한 밤꽃 향기를
꾀꼬리가 울어 나르는데
홀딱새도 홀딱 벗고
홀딱홀딱 뛰는데 마는데
간드러지게 울던 빼꾹새
빼꾹!
한 마디 하고
뚝!
울음 그치는데
산골짜기 메아리도
따라 숨죽이는데
풍년초 머리채 잡고
김매던 우리 엄니도
빼꾸기 노래에 장단 맞춰
허기를 달랬는데
면양말 팔러 간 아버지는

발뒤꿈치 드러나게 떠돌다가
양말 가방 던져놓고
술동이에 빠지셨나
홀딱새 따라가셨나

꾀꼬리야 꾀꼬리야
너도 홀딱 벗고 울어나 보렴
홀딱 호올딱

－「홀딱새」 전문

이 시는 각운 '~ㄴ데'의 반복이 노랫말 같은 느낌을 안겨주고 있다. '~ㄴ데'는 어떤 일을 설명하거나 묻거나 시키거나 제안하기 위하여 그 대상과 상관되는 상황을 미리 말할 때에 쓰는 연결 어미이다. 설명하기 위해 이 '~ㄴ데'의 어미를 쓰는 경우 부정적 내용이 뒤따르기 쉽다. 다섯 번이나 반복되는 이 '~ㄴ데'는 노랫말 같은 리듬감을 안겨주면서도 그 어떤 부정적 내용을 암시한다는 점에서 긴장감을 형성한다. 아니나 다를까 이 '~ㄴ데'를 뒤따르는 것은 면양말 팔러 간 아버지의 걱정이다. '홀딱새'가 홀딱 벗고 노닐 듯이 '면양말 팔러 간 아버지'가 술에 취해 '홀딱새(술집의 아낙을 상징하는 듯한)'에 빠지지는 않았는지 걱정을 하고 있는 것이다. 여기서 우리가 눈여겨볼 대목은 이 '~ㄴ데'의 각운이 안겨주는 주술적 효과이다. 부정적 내용이 뒤따를 것임을 예감한 독자는 이 각운 '~ㄴ데'가 반복되면 될수록 고양된 화자의 정서를 느낄 수밖에 없어서 저절로 긴장감을 갖게 된다는 사실이다. 이 시의 재미는 리듬감과 함께 쓰인 '홀딱새'라는 말놀이에 있다. '홀딱새' 또는 '홀딱벗고새'는 검은등뻐꾸기(Indian Cuckoo)의 별명이다. 그런데 시인은 이 '홀딱새'를 술집 아낙을 떠올리게 하는 관능적 비유로 사용해 흥미를 유발한다. 리드미컬하면서도 시인의 정신 지향을 잘 보여주는 시는 「맛있는 정년퇴직」이다.

마당 옆에 발 디딜 만큼
조붓한 길을 내야지

마당 한켠에 삐비 심어
콩중이 불러와 춤추게 해야지

논일 밭일 하러 오가는 사람들에게
키 큰 접시꽃 심어 인사시켜야지

천장에 유리창문 달아놓고
이층 다락방에 누워 한숨 자야지

소쿠리 바지게 잘 싸는 명대 아저씨 불러서
싸리발 대발 엮어 주라 해야지

흙벽을 타고 오른 물외 따다가
막된장에 푹 찍어서 먹어야지

–「맛있는 정년퇴직」 전문

이 시 역시 종결어미 '~지'의 반복이 각운의 효과를 내고 있다. '~지'는 '~ㄴ데'와 달리 어떤 사실을 긍정적으로 서술할 때 쓰는 종결어미로써 글쓴이의 바람을 나타내기도 한다. 인공적인 세상을 살아가는 화자로서 자연회귀의 바람을 나타내는 이 시는 지극히 평화로운 농촌의 풍경을 퇴직 이후의 삶으로 그려낸다. 화자가 꿈꾸는 풍경은 별게 아니다. 그저 소박한 수준에서의 자연친화적인 삶을 바랄 뿐이다. 마당이 있고, "마당 한켠에 삐비를 심어 콩중이"를 오게 하고, "논일 밭일 하러 오가는 사람들"을 위해 "키 큰 접시꽃"을 심어놓고 "이층 다락방에 누워 한숨" 늘어지게 자는 꿈. 옆집 아저씨를 불러 "싸리발 대발 엮어 주라" 하고, "흙벽을 타고 오른 물외를 따다가 막된장"에 찍어 먹는 소박한 꿈. 화자는 지금 자연과 더불어 조화롭게 사는 그런 소박한 꿈을 꾸며 인공적인 세상에서의 삶을 견디고 있는 것이다. 이 시의 미덕으로 빼놓을 수 없는 것은 제목이 안겨주는 재미이다. 다소 무거운 '정년퇴직'이라는 말에 의외의 말이라 할 수 있는 '맛있다'라는 형용사를 덧붙임으로써 그 무거움을 상쇄하고, 거기에 긍정적으로 서술할 때 쓰는 종결어미 '~지'의 반복으로 화자의 바람을 노랫말처럼 가볍게 전달하고 있는 점이 이 시의 장점이다.

김상률의 시집 『콩중이 콩콩, 팥중이 팥팥』은 생태시의 한 전형을 보여주고 있다. 생태시를 지향하는 시들이 목적의식이 앞선 나머지 인위적인 경우가 많았다면 그의 생태시는 지극히 자연스럽게 읽혀지는 장점이 있다. 그는 자신과 일체화된 자연 속에서 삶의 이치를 깨닫고, 그 깨달음을 자신만의 호흡으로 자연스레 들려준다. 늦깎이 시인인 김상률은 이 시집 한 권으로 자신의 잠재력이 만만치 않다는 걸 증명해냈다. 앞으로 그가 환경 파괴라는 시대적 아픔의 뿌리에까지 가 닿는 시들을 많이 생산해 우리 생태시의 지평을 더욱 더 넓혀주었으면 하는 바람이다. 건투를 빈다.